JN418292

피는 꽃마다 아름답구나

일러두기

여기에 수록된 시는 지금은 절판된 일지 이승헌 총장의 시집《피는 꽃마다 아름답구나》(1997년)와《마고, 지구의 노래》(2001년)에서 52편을 가려 뽑은 것입니다.

손으로 쓰고 마음에 새기는

명 상 필 사

피는 꽃마다 아름답구나

一指 이승헌 지음

한문화

그대의 가슴 속에 피어날

아름다운 꽃 한 송이를 위해

이 노래를 바칩니다.

서문

나의 시는

시인들은 시를 짓는다고 한다
그러나 나는 한 번도 시를 지어본 적이 없다
시가 나에게로 왔다
시인들은 시를 다듬는다고 한다
그러나 나는 한 번도 시를 다듬어본 적이 없다
고요한 가운데 스스로 터져나오는 것
나에게 부딪혀오는 것, 비쳐오는 것
생명의 흐름과 율려律呂를
그대로 옮긴 것뿐이다

나의 시는 감상感傷이 아니다
나의 시는 나의 행적이자 자화상이다
이십 년 동안 계속되어온 홍익문화운동의 역사이다

나의 깨달음과 신념이 드러난 것이요
나와 제자들을 위로하고 격려하는 노래이다
나의 시는 지구사랑 인간사랑의 원력願力에
우주가 답한 것이며
나를 통해 세상에 전해지기를 원하는 메시지이다

깨달음이란 자기 생명을 드러내는 용기
나를 두려워하지 않고
부끄러워하지 않고
내 안에 있는 생명을 드러낸다

이것이 나의 시가 갖는 힘이다

단기 4334년(2001년) 4월

一指 이승헌

명상 필사에 들어가기 전에

여기에 실린 시편들은 고요한 가운데 생명의 바다에서 저절로 흘러나온 '깨달음의 노래'입니다. 따라서 이 시를 감상할 때는 시어를 굳이 기억할 필요도 없고, 의미를 이해하려고 애쓸 필요도 없습니다. 그저 마음을 열고 저자의 마음에 내 마음을 잇는다는 기분으로 차분히 읽어 내려가면서 손으로 옮겨 적다 보면 어느 순간 기쁨과 평화, 사랑이 차오르며 자신도 모르게 영혼의 지평이 열리는 것을 느낄 수 있습니다.

이 시편들은 인생이라는 짐을 등에 지고 별빛을 받으며 가고 또 가는 중에 홀연히 와 닿았던 빛의 흔적, 빛의 발자국들입니다. 태양의 사랑을 만나고 별의 고독을 만나고 지구의 괴로움을 만나는 기록이지만, 이 모든 것은 태양의 것도 별의 것도 지구의 것도 아니고, 저자의 것도 아닙니다. 그 어느 글귀도 감히 누구의 것이라 한정지을 수 없는 것들입니다.

바람처럼, 햇빛처럼, 별빛처럼 와 닿았던 생명의 에너지가 저자에게 노래해준 것처럼 이 노래 속에서 우리 모두가 하나임을 느끼고 통할 수 있다면 지구인으로서의 괴로움은 더 이상 괴로움이 아닐 것이고, 생명은 아름다운 축제가 될 것입니다.

시를 써내려갈 때는 가슴 속에 아름다운 꽃 한 송이를 피운다는 느낌으로 한 자 한 자 정성껏 써보기를 권합니다. 마음이 복잡하거나 힘들 때, 우울하거나 외로울 때, 기분이 좋거나 기쁠 때 어느 때든 좋습니다. 펼쳐 놓고 한 편씩 써보고, 또 자신이 쓴 글을 읽다 보면 어느 새 머릿속이 고요해지고 몸과 마음이 맑아지는 순간이 찾아옵니다. 그 순간이 자신의 내밀한 자아와 만나는 시간입니다. 명상 필사를 통해 고요함 속에서 진짜 나를 만나는 즐거움을 발견해보기 바랍니다.

이 세상은 깨달음의 수련장.

지금 어떤 모습으로 살아가고 있든

우리 모두는 이 세상에

의식의 진화를 위해 왔습니다.

차례

1 피는 꽃마다 아름답구나

2

사람 안의 천지여

3

깨달음의 빛

1부

피는 꽃마다 아름답구나

인생이라는
짐을 등에 지고
별빛을 받으며
별빛을 밟으며 가고 또 가는 길.
잠깐 머문 푸른 별에서
우리는 지금 같은 길을 향해
걷고 있는 동반자이다.

신 성

어느 날 캄캄한 밤이었노라
갑자기 찬란히 빛나던 별 하나
내 머리에 들어와서 내게 속삭이는 말
반짝이는 저 하늘의 별이 보이는 것은
눈이 보는 것이요
창 밖에 흐르는 빗방울 소리 듣는 것은
내가 듣는 것이 아니고 귀가 듣는 것이다
예전에 나는 별을 내가 보았고
창 밖에 흐르는 빗방울 소리 듣는 것을
내가 듣는 것으로 알았노라
이제 내가 눈을 한 번 더 뜨고
귀를 한 번 더 열고 바라보니
내가 곧 별빛이요
내가 곧 빗방울이어라
아아, 찬란한 빛이 한 번 더 빛나매
나는 별빛도 아니고 빗방울도 아닌 것을
참으로 내가 모든 것을 알고 나를 깨달으매
나는 홀로, 스스로 존재하는 영원한 생명인 것을
하늘에 창 밖에 별빛은 반짝이고
빗방울은 하염없이 내리는구나

고 송 古松

고송古松은 외로우나
슬프지 않고
항상 당당한 것은
향기가 있기 때문이다

그 향기는
신념에서 나오고
의지에서 나오고
높은 뜻에서 나온다

천 년을 사는
백학이 고귀한 것은
돈과 명예와 성욕을 초월했기 때문이다

신선은
소나무와 학과 바위를 좋아하느니라

천지기운 따라 천지마음 따라

지구는 하느님이 굴리며 놀고
굴렁쇠는 아이가 굴리며 놀고
쇠똥은 쇠똥벌레가 굴리며 논다

하느님과 아이와 쇠똥벌레는 무엇이 다른가
구름은 변하여 비가 되고 눈이 되어 이 땅을 적시고
안개는 바람에 나뭇잎과 같이 나부낀다
꽃은 변하여 열매가 되고
열매는 나무의 근원이 된다

아기는 변하여 어른이 되고
어른은 변하여 애기씨가 된다

창 밖에 바람 소리 들리고
하늘에는 바람 따라 물결 따라
흰 구름 흐르고
내 마음도 흐른다

나는 너를 알아

그대 웅크리지 말아
이제 일어나서 뛰어봐
너는 할 수 있어
한때 실패를 경험했다는 것
그것이 너의 전부는 아니잖아
너의 꿈을 펼쳐줘
너는 할 수 있어

그대 웅크리지 말아
너에게 슬픔이 있다는 것
그것은 대단한 것이 아니야
그냥 흘러가는 감정일 뿐이야
이제 가슴을 활짝 열고
너의 진실을 보여줘
너의 무한한 가능성과 꿈을
이것이 너의 참진실인 것을
나는 알아

그대 웅크리고 있지 말아
나는 너의 그 모습이 싫어
너에게 꿈이 없다면
내가 너의 꿈이 되어 줄게
나는 너를 알아
너에게 무한한 가능성과
순수한 사랑이 있다는 것
너는 할 수 있어
너의 가슴에 따뜻함이 있잖아
나는 너의 혼이야!
나는 너의 혼이야!

숨

내가 호흡하는 이 숨은 이제 나의 숨이 아니다
그것은 우주의 숨이며 생명의 숨이다
내 숨은 천지마음의 드넓은 숨결과 하나이며
천지기운의 크나큰 숨결과 함께 굽이친다
여기 풀과 나무와 구름들 그리고 오가는 사람들
우주 만물이 나와 함께 숨쉬고
내 숨에 따라 춤을 춘다
나는 이제 과거의 내가 아니다
숨이 들어올 때 나는 새로운 존재로 탄생하고
숨이 나갈 때 병들고 때묻은 과거의 나는 죽는다
이렇게 나는 숨과 함께 매순간 죽었다가 다시 살아난다
그래서 이제 나는 죽음을 두려워하지 않는다
죽음은 새로운 탄생에 대한 빛나는 약속이기 때문이다
내쉬는 숨을 통해 내가 죽지 않으면
숨이 들어올 때 내가 새로운 존재로 거듭날 수 없음을
나는 안다
들이쉬고 내쉬는 숨을 통해
나는 내 존재를 자각하고 우주의 이치를 깨닫는다
내 숨통이 트일 때 나는 하늘과 하나가 되고
신神과 하나가 된다
원래 하늘과 나, 신과 나는 둘이 아니었다

이 숨 속에 너와 나는 하나이며
새롭게 만나 완성을 이룬다
원래 나는 병들 수 없는 존재이며
시간과 공간을 초월해 있는 존재이다
원래 나는 슬픔도 고통도 없는 존재이며
하늘과 땅과 큰 이치에 따라
홀로 스스로 존재하는 생명이다
숨을 통해 나는 이 모두를 깨닫는다
지금까지 나는 제대로 숨쉬어 본 적이 없다
하늘을 숨쉬지 못했고
우주를 숨쉬지 못했으며
천지의 신령스러운 기운을 숨쉬지 못했다
이제 나는 하늘을 숨쉬고 우주를 숨쉬며
천지기운을 숨쉰다
숨과 함께 나는 다시 태어나고
새로운 존재로 탈바꿈한다
숨과 함께 온 우주가 다시 시작되고
새롭게 물결친다

숨

한사랑

바다가 크게 열리고
저 멀리 수평선에서 돛단배가 노닌다
바다 속 해초들은 파도 따라 춤을 추고
바다 위 기러기는 바람 따라 노니는데
바다 속 고기들은 먹이 찾아 헤매고
육지의 사람들은 돈과 명예에 얼이 빠져 방황한다
인간은 상상력으로 창조하며 발전하나
인간의 불행은 상상력에서 시작된다
인간은 미완성의 존재인 것을
노력과 진실은 인간의 가치를 높여 주지만
인간을 완성시켜 주지는 못한다
인간을 완성시켜 줄 수 있는 것은
사랑이다

사랑이 없는 인생은
낮이 없는 밤이며 밤이 없는 낮이다
그대, 사랑으로 승화하라
큰사랑으로
그것은 한사랑
한의 사랑 속에서
너는 완전하리라
한 속에서
너와 내가 하나이며
모든 만물이 하나이니라
모든 것은 한으로부터 나왔으며
한으로 돌아가느니라

여 행

별이 반짝이는 밤입니다
별빛을 받으며 우리는 지금 해변가를 걷고 있습니다
그 해변은 우리가 걸을 만큼 긴 해변입니다
별빛 속에 파도 소리를 들으면서
천지기운에 우리 몸을 맡기면서
무한정 어떠한 먼 곳을 향해서
그냥 그렇게 걷고 싶습니다

별빛은 우리 머리를 비추고
우리는 파도 소리를 들으면서
시원한 바람을 맞으면서
해변가를 한가롭게
어떠한 목적도 없는 목적을 향해서
걷고 있습니다

천지기운 따라 우리는 걷고 있습니다
천지마음 따라 우리는 걷고 있습니다
인생이라는 짐을 등에 지고
별빛을 받으며 별빛을 밟으며
우리는 걷고 있습니다

우리가 걷는 그 걸음이 언제 끝날지는 아무도 모릅니다
천지기운 따라 천지마음 따라
우리는 걷고 있습니다
우리가 걷는 이 걸음이 언제까지 계속될지 모릅니다
그리고 우리는 언제부터 걸어왔는지도 모릅니다

우리가 짊어지고 있는
이 인생이란 봇짐을 내려놓은 후에도
우리의 여행은 계속될 것입니다
과거에 우리는 얼마나 많은 인생이라는 봇짐을
짊어지고 이 길을 걸어왔는지 모릅니다
또 얼마만큼 많이 인생이라는 봇짐을
내려놓았는지도 모릅니다

지금 우리가 지고 있는 봇짐의 무게와 봇짐의 모양이
또 우리가 다음에 질 봇짐이
어떠한 무게와 어떠한 모양을 갖고 있는지
우리는 알 수가 없습니다

그러나 확실한 것은
우리는 지금 같은 길을 향해서 걷고 있는
동반자라는 것입니다
우리의 여행이 언제부터 시작되었는지
언제 끝날지 모르지만
우리는 지금 같이 가는 동반자인 것입니다
같이 걸어가는 도우道友인 것입니다

이상인간 한세계를 향한
천화仸化의 도道를 구하기 위한
이 여행이 언제부터 시작되었는지 모릅니다

그러나 우리는 천화의 도를 얻을 때까지
이 길을
끝까지 갈 것입니다

기다림

서럽도록 밝은 달빛 아래
고향 떠난 나그네의 그림자
가슴 속에 한이 가득 서려 있다
이천 년의 어두움 밝히울 태양은
바다 깊은 곳에서 숨을 고르는데
동양의 계명성啓明星은
어이 이리 늦는고

기다림

서럽도록 밝은 달빛 아래
고향 떠난 나그네의 그림자
가슴 속에 한이 가득 서려 있다
이천 년의 어두움 밝히울 태양은
바다 깊은 곳에서 숨을 고르는데
동양의 계명성啓明星은
어이 이리 늦는고

황금꽃의 비밀

여러분의 가슴 속에 황금꽃이 피었습니다
나의 가슴에 피어 있고
여러분의 가슴 속에 피어 있는 황금꽃은
지지 않는 꽃입니다
조화주 하느님께서 우리에게 주신
최고의 귀중한 선물입니다

황금꽃의 향기는 일생 동안의 사랑입니다
인간에 대한 사랑입니다
여러분의 가슴 속에
황금꽃이 피어나고 있습니다

여러분이 조건 없는, 분별 없는 사랑을 할 때
그 황금꽃의 향기는
여러분과 여러분 주위를 감싸게 될 것입니다

그 황금꽃은 절대적인 꽃입니다
남에게 보이기 위해서 피어 있는 꽃이 아닙니다
이 꽃은 여러분 마음의 사랑입니다
여러분 자신만이 그 꽃을 피울 수가 있습니다

모든 사람에게는 황금꽃이 존재합니다
가난한 사람이나 명예가 없는 사람이나
아무 관계가 없습니다

여러분이 이 세상을 운명할 때는
황금꽃을 들고
그 꽃을 바칠 대상이 있습니다
여러분을 이 땅에 보내준 그분한테 가서
할 말이 있습니다

나는 이 세상에 와서 이 황금꽃을 찾았습니다
이제 이 꽃을 당신께 드립니다
나에게 깊게 깊게 감추어 두었던 이 황금꽃,
무한한 사랑의 꽃을 내가 찾았습니다

당신의 모습은

얼굴은 환희심과 미소를 잃지 않으며
두 팔은 학과 같이 우아하며
마음은 여의주를 문 용처럼 황홀하며
두 다리는 학과 같이 강건하며
허리는 호랑이와 같이 용맹스러우며
목은 사슴과 같이 우아한 모습이여

두 눈은 먼 허공을 뚫고 이상과 꿈을 그리는 아름다운 눈이여
너의 머리는 지혜로움으로 빛나는도다
너의 모습은 학이 구름을 날으는 모습이며
너의 심장은 사자의 심장과 같이 뜨겁다
너의 두 손은 세상 사람들의 고통을 치료하는
관세음보살 같이 아름다운 손이며
너의 발은 천리를 달려도 피로하지 않는
용마의 발굽을 닮았다

가슴 속에는 대의를 품고
눈은 비전을 바라보며
얼굴은 편안함과 자신감으로 넘치며
온몸은 강력한 힘으로 넘친다

내 마음은 하늘

누가 말을 했나
인생이 피었다 지는 꽃이라고

나의 마음은 하늘이요
나의 두 눈은 해와 달이며
나의 정신은 밤하늘을 비추는 샛별이어라
나의 두 발은 현실을 딛고
나의 머리는 이상을 향하여 움직인다

내 마음은 하늘
내 눈은 해와 달
내 정신은 밤하늘을 비추는 샛별이어라

이 세상은 아름다워

이 세상은 아름다워
빛나는 태양이 우리를 비추고
밤에는 달님과 별님들이
모두를 공평하게 사랑하며 축복하지
이 모든 것이 하느님의 축복임을 알겠어

기쁨이든 슬픔이든 오라
나는 만족하리
이 모든 것이 축복임을 알겠네

이 천지의 아무것도
사랑이 충만한 이 마음을 빼앗아갈 수는 없어
그리고 천지기운과 우리를 갈라놓을 수 없어
우리의 비전과 희망!
이것은 태양이고 별님이고 달님이야
우리는 해낼 수 있어, 우리는 할 수 있어

눈꺼풀과 입술이 닫혔을 때
이것은 우리에게 절망이고 어두움이야
그러나 우리는 눈을 뜰 수 있고 말을 할 수 있어
우리는 알겠어

이것이 나의 한계라고 느낄 때
이것이 바로 가능성이며
내가 성장할 수 있는 기회인 것을
나의 한계 너머에 나의 임이 계신 것을

문 앞에서 사랑하는 나의 임이 기다리시는 것을
나는 알겠어
이상인간 한세계는 임과 함께 영원히 있는 것을
나는 알겠어
본래 나는 별님과 달님과 태양과
이 세상 모든 것과 하나인 것을!

우리 임이 계신 곳에 나도 있네
우리 임이 계신 곳에 우리가 있네

단학인의 노래

피는 꽃마다 아름답구나
인간의 평화 우주의 평화
슬픔과 고통 사라졌으니
마음의 평화 이루어보세

하는 말마다 아름답구나
하는 행동이 아름다우니
마음의 평화 이뤄졌으니
지상천국을 이루어보세

가는 곳마다 평화롭구나
종교와 종교 형제 됐으니
사상과 사상 하나가 되어
인류의 평화 이루어보세

너를 만남으로

나의 영혼이
별이 반짝이는 밤에
달빛을 받으며 너의 영혼을 만날 때
너와 나는 서로의 몸을 잊고
달빛 물결 위에서 춤을 추었지
우리의 영혼은 자유로웠다
나는 네 안에 있었으며
너는 또한 내 안에 있었지
나는 너의 영혼과 함께
하늘로 바다로 산으로 여행을 하였지
나는 너를 만남으로
참기쁨을 알았고
참행복을 알았으며
참자유를 알게 되었지
너와 하나됨으로
나의 신성은
하늘에 반짝이는 별과 같이
반짝일 수 있었지

영원한 사랑

햇빛 달빛 별빛
나의 영혼을 비춰주네
나의 영혼 세상을 사랑하네

햇빛이 사라지면 달빛이
달빛이 사라지면 별빛이
별빛이 달빛되어 세상을 비추네

이 모든 것이 하느님의 사랑
충만함을 깨닫겠네
밝음 속에서도 어둠 속에서도
하느님의 사랑 영원하네

진리의 빛

몰라요, 정말 모르겠어요
인생의 참의미를
어떻게 살아야 할지
밤에는 왜 달이 뜨고
낮에는 왜 태양이 떠오르는지를
왜 사람은 태어나며 죽는지를

오, 조화주여
아, 생명이여
알려 주오, 참의미를
저를 진리로 인도하소서
진리로 인도할 참스승을 보내주오
진리는 나의 생명, 나의 사랑
나는 당신과 함께 이 길을 가겠소
변함없이 영원히 완성의 그 날까지
나는 이 길을 사랑하오
나의 길, 나의 길 축복하여 주오
당신은 진리이며 생명이며 사랑이오
당신의 모습이 내 주위에 어른이는 것 같소
밝은 광명이 비칩니다
생명의 빛, 진리의 빛이

현묘한 의식의 25시

현묘한 의식의 25시여
정의하고 싶지 않은 시간
미완성의 시간에 맞이하고 있는
공간의 향기여
뿌리 없는 백합꽃은 피어나고
내 피곤한 의식이 쉴 수 있는 곳
소리 없는 음률을 타고
나는 환상의 세계를 달린다
나는 생각없이 커피를 마시며
이유없이 너를 찾았고
조건없이 내 마음을 열고
너의 의식으로 숨을 쉰다
세상에 없는 색깔로
이 시간과 공간을 채우며
나는 허공과 같은 시간을 갖고 싶다

2부

사람 안의 천지여

인간의 뿌리는 하늘과 땅.
하늘과 땅은 인간의 부모이시다.
사람은 코로 하늘을 마시고
입으로 땅을 먹는다.
땅은 육체를 살찌우고
하늘은 정신을 밝힌다.

기쁨의 눈물

허공 중에 산산이 부서져 흩어지는
내 관념의 잔해들을 바라보며
나는 기쁨의 진한 눈물을 흘린다
착각하고 집착했던 허상들이
본성의 밝은 빛과 정면으로 부딪히며
으악 소리와 더불어
내면 깊은 곳에 이렇게 아름다운
자성自性의 신령함이 있다는 것!
이 깨달음을 주심에 경이로움과 감사를 느낀다
내 기운 천지기운 천지기운 내 기운
내 마음 천지마음 천지마음 내 마음

나의 자성의 영원성과 신령함과 밝음이여
입과 눈과 귀와 모든 감각이 사라져 버렸다
나는 입 아닌 입으로 눈 아닌 눈으로
생각 아닌 마음으로
당신을 지키고 알리겠나이다
나의 영원한 실체이며 본성이여
이상인간 한세계를 실현하겠나이다!

단무 丹舞

하늘이 춤을 춘다
하늘이 춤을 춘다
바다도 땅도
따라서 춤을 춘다
하늘의 호흡을 마시면서 출렁인다

마음이 움직인다
마음이 노래한다
허리가 용같이 뒤틀리며
사지에는 힘이 솟는다

하늘도 춤을 추며
산천은 노래하며
내 몸은 하늘과 산천을 따라서
소리 없이 움직인다

내 심장은 하늘의 소리를 듣고
내 피부는 산천의 마음을 알며
내 마음은 천지인天地人 하나가 되어

노래하며
춤추며
통곡하며

나의 생명이
모든 생명들과
교류한다

하늘이 나이며
내가 하늘이며
산천이 나이며
내가 산천이다

수억 겁 쌓인 한을
천 갈래 만 갈래
단무로 풀어 낸다

선녀의 모습

파란 하늘에 떨어지는 눈송이는
꽃잎 되어
만인을 즐겁게 하고
가을 바람에 떨어지는 낙엽은
고독한 사람을 살찌게 한다
여인의 아름다운 마음은 연꽃보다 고와라

떨어지는 눈송이 땅에 스며들어
냇물이 되는 것은
무슨 인연이며
그 눈송이 소나무 가지에 앉아
솔꽃 향기를 피우는 것은
무슨 인연인가

세월 속에 피어나는 그대 모습
벚꽃보다 화려하구나

그대 영롱한 향기는
커피보다 진하며
그대 사랑은 앵두보다 붉구나

한 속에 피어난 꽃이여,
한 속에 돌아와 지어라
마음과 마음이 하나가 되었으니
기운과 몸이 둘이 아닐세

사랑이야

바람이 불어와 꽃잎 날리면
꽃향기 내게 오네
이 세상 모든 것 다 준다해도
님이 없으면 난 못 살아
바람 따라 나는 간다
구름 따라 나는 간다
그래, 사랑이야 사랑, 모두 함께 하는 사랑
모두 다 함께 하는 사랑은 아름다워
그래, 사랑이야 사랑, 모두 함께 하는 사랑

하늘에는 별이 반짝이고
달빛 내 가슴을 비출 때
아름다운 사랑의 추억
내 앞에 펼쳐지네
바람 따라 나는 간다
구름 따라 나는 간다

그래, 사랑이야 사랑, 모두 함께 하는 사랑
모두 다 함께 하는 사랑은 아름다워
그래, 사랑이야 사랑, 모두 함께 하는 사랑

바람 따라 구름 따라
나도 가네 님도 가네
큰사랑을 위하여
우리 모두 가네
이상인간 한세계가 저기 보이네
저기 있네

푸른 하늘에 흰 구름 떠 있고

나는 하늘이고 싶다
모든 것을 다 포용하는 하늘이고 싶다
구름도 달도 태양도 산천도
다 포용하는 하늘이고 싶다

나는 구름이고 싶다
필요한 곳에 비를 내려주는 구름이고 싶다
바람 따라 자유롭게 흘러가는 구름이고 싶다

나는 달이고 싶다
선한 사람들의 이야기를 들어주는 달이고 싶다
사랑하는 사람들의 가슴에 아름다운 추억이 되어
떠 있는 보름달이고 싶다

나는 태양이고 싶다
어둔 밤을 밝혀 주는 별이고 싶다

나는 바람이고 싶다
아름다운 꽃들과 새들과 나무들 땀흘리며 애쓰는 농부들
애무하고 속삭이며 시원하게 해주는 솔솔 바람이고 싶다

아니야 그것은 아니야
어떤 것에도 매이지 않는, 어느 것도 아닌
생명 그대로의 모습
본래 본성의 모습이고 싶다

하늘엔 흰 구름이 흐르고
산에는 새들이 지저귀고
해변가에는 파도소리를 들으며
어린아이들이 뛰어논다
산 너머 먼 곳에서
기적 소리 들린다

참사랑

사랑은 아름다운 거야
마약과 같은 위력을 갖고 있어
이성을 마비시키고 두려움을 없애주고 외로움을 없애주지
부끄러움과 수줍음을 없애주고 용기를 주지

그러나 사랑은 무서운 거야
우리에게 눈물을 주고 미움을 주네
사랑은 칼집이 없는 날카로운 칼과 같아
이 칼은 많은 연인들의 가슴에 상처를 주고
증오와 미움 슬픔과 외로움 절망을 안겨준다네

사랑의 정체를 알기까지는 많은 시간이 필요하다네
그때는 벌써 머리에 서리가 내리고
눈과 귀는 무뎌지고 몸은 식어간다네
이기심과 소유욕은 사랑이 아니라는 것을 알 때
우리는 새로운 사랑에 눈을 뜨지
그 사랑은 뜨겁지도 않으며 차지도 않아
거기에는 넉넉함과 아량이 있어
그리고 평화가 있다네

사랑이란 서로 존중하며 아껴주고 키워줄 때
향기가 있다네
향기 없는 사랑은 썩은 생선 같은 사랑
이것은 지옥이라네
우리 모두 참사랑에 눈을 뜨세 눈을 뜨세

가정은 소중한 거야
참사랑을 배우는 수련장
지구는 귀중한 거야
영적 완성의 수련장
인간 완성의 수련장이라네

평화를 가정에게
기쁨을 인류에게
영광을 지구에게
축복은 우리 모두에게

하얀 용

나는 누구의 눈에도
보이지 않는 하얀 용이라네

나는 구름 속에 살며
바다 깊은 곳에 산다네

나의 영원한 집은
허공이라네

나는 우주의 소리를 들으며
영생을 노래한다네

나는 어디에도 속해 있지 않으며
무엇에도 집착하지 않는다네

별은 반짝이고
바람은 고요히 불어 오네

나는 어린아이와 같이 숨을 쉬며
벨록*과 함께 명상한다네

나는 천지기운이며
나는 천지마음이라네

*벨록 - 미국 애리조나 주 세도나에 있는 종 모양의 붉은 바위산. 나는 이 산으로부터 많은 영감을 받는다.

산은 깊고 물은 높다

산은 깊고 물은 높다
장군의 팔뚝은 가늘고 어린아이의 다리는 굵구나
천년 묵은 용이 미꾸라지에게 잡아 먹힌다
초생달 옆에 있는 저 보름달은
언제부터 대지를 비추었는가
이것이 무슨 뜻인가 하고 묻는 이가 있다면
아기는 뛰고 어른은 긴다고 말하리라

권위적인 것은 다 가고 새로운 것이 온다
물질문명이 가고 정신문명이 돌아온다

세도나의 벨록 정상에서 홀로 명상할 때 문득 나의 영안靈眼에 비친 메시지이다.
실체는 어떤 각도에서 보든 달라지지 않는다는 것과 인류가 맞게 될 새로운 미래를 예언한 시.

오대산 적멸보궁은
모든 사람의 마음속에 다 있더라

오대산에 있는 적멸보궁은
모든 사람의 마음속에 다 있더라
인생은 왔다 가는 것, 가는 것, 가는 것
어디서 왔다 어디로 가는가
어디서 왔다 어디로 가는가
어디로 가는가 어디로 가는가

태양은 이른 아침부터 이 세상을 비춘다
봄이 오고 가듯이
왔다 가듯이
이제 겨울이 다시 왔네
적멸보궁에 내가 오니
겨울도 따라오고 태양도 따라온다

오대산에 있는 적멸보궁은
오대산에만 있는 줄 알았더니
온 천지에 다 있고
모든 사람의 마음속에 다 있더라

적멸보궁에서 바라보니
태양의 근원이 나의 본성이고
추운 겨울도 따뜻하구나

오대산 적멸보궁은 모든 사람의 마음속에 다 있더라

자아발견

누구에게나 있습니다
그것이 무엇인지 안다는 것
당신의 마음속 깊은 곳을 찾아
그리고 눈을 크게 떠 보구려
그 모든 것을 알게 되리라
누구의 마음속에나 존재하는 것
언제인가 기어이 알게 되리라
언제인가 기어이 알게 되리라

누구에게나 있습니다
그것이 무엇인지 상기해 내는 것
마치 이제까지 깊이 잠들어 있었던 것처럼
자기가 될 수 있었던 그런 자기는 아니었던
하지만 이제 그것이 잘 보이네
두 눈의 눈물을 통해서 볼 수가 있다네
나는 지금 내 인생 무대의 입장권을 손에 넣었다네
아직 반밖에 오지 못했지만

그러나 거기에는 커다란 가능성과 빛이 있다네
이제 많은 분들이 나와 마찬가지로 깨닫기 시작했구려
그래 그것도 좋은 것이라오
이제 많은 분들이 나와 마찬가지로 깨닫기 시작했구려
그래 그것도 좋은 것이라오

수 행

인생은 수행을 위하여 왔다네
이 세상은 깨달음의 수련장

인내와 용서와 사랑은
의식의 성장과 깨달음의 지름길

나에게 이러한 환경을 주신 것
이것은 하느님의 은총이고 사랑이네

나에게 주어진 육체와 인간 관계, 나의 성격
그리고 모든 환경과 시간
이것은 임께서 주신 숙제이며 사랑이네

나무는 거친 땅에 태어남을 탓하지 않고
종자가 무엇이든 환경이 어떠하든 어떻게 쓰여지든
인내하며 용서하며 조화를 이루므로 사명을 다하네

산이 신령하고 아름다운 것은
어느 나무든 분별하지 않고
비는 비대로
바람은 바람대로
천둥은 천둥대로
눈이 오면 눈을 맞으며
모든 동물을, 사람까지 포용하며
인내와 용서와 사랑을 우리에게 보여 주기 때문이네

황금꽃을 찾아서

이 세 가지 문을 통과하지 않고서
깨달음에 이른 사람은 한 명도 없나니
예수도
공자도
모든 성인들이 전부 다
이 세 가지를 통해서 나왔다

계戒!
계율을 지키라
예절을 지키라
질서와 룰을 지키라
이로써 판단의 기준을 삼으라

정定!
심심정명心心靜明
항상 고요한 가운데서 자기 자신을 찾으라
외로움을 가지고 있지 말라
여러 사람 안에서는 사랑을 주고
조용히 있을 때는 자기를 사랑하고 만나라
선정삼매禪定三昧

혜慧!
지혜로운 사람이 되라
창의적이고

진취적이고
적극적인 사람이 되라

바르고
희망을 갖게 되면
이상인간 한세계의 비전이 보인다

이상인간 한세계는
심심정명의 자리에서 찾은 꽃!

지혜는
자기가 밝고 밝을 때
밝고 밝은 가운데
꿈과 소망이 있을 때
책임과 용기가 있을 때
나오는 것

계戒
정定
혜慧
계율을 지키라
고요한 곳에서 자기를 찾도록 하라
바로 맑고 맑은 상태에 들어가도록 하라
적극적으로 자신감을 가지고 진취적으로 사고하라

조화의 꽃

과거에도 빠지지 말며 미래에도 홀리지 말라
지금 현재 속에서 천지기운을 느끼며
천지마음 속에서 마음의 천국과 평화를 이루어라
그대가 사심 속에 빠져 오욕칠정에 있는 동안
과거도 미래도 현재도 악몽이며
어떠한 계획도 꿈도 자신과 이웃에게 도道가 아니며
선善도 아니며 진리眞理도 아니다
담담한 마음으로 천지기운 속에서
자신에게 주어진 일을 성실히 수행하며
도리 공부와 수행 공부 살림 공부에 충실하라
이러한 사람이 정지正知에 이른 사람이며
감사하며 사는 생활 속에 조화의 꽃은 저절로 피어난다
참다운 스타는 매일매일 조화의 꽃을 피우는 사람이다
이러한 사람이 세상의 등불이며 선약仙藥이며
이상인간이다

하늘을 마시고 땅을 먹고

인간의 뿌리는 하늘과 땅
하늘과 땅은 인간의 부모이시다
사람은 코로 하늘을 마시며 산다
땅은 사람의 입으로 들어와 육체를 살찌우고
하늘은 땅과 함께 사람의 정신을 밝힌다

정신은 밝아져 신神이 되나니
신이 되는 사람은 완성자
하늘을 마시고 땅을 먹고도
정신을 밝히지 못한 이는 미완성자
그를 귀신이라 한다

삶의 가치는 인간 완성에 있다
물질은 인간의 육체를 성장시키고
도덕 생활은 인간의 정신을 기른다
삶의 존재 의미는 정신 완성에 있으며
정신 완성은 신神이 되는 데 있다

사람 안의 천지여
사람이 천지의 주인이구나
그대 어린 사람아
천지 부모에게서 천지를 상속받을지어다

천지기운 메시지

천지기운은 육체의 건강과
마음의 평화를 가져다 줍니다
천지기운은 외로움과 슬픔을 없애 줍니다
천지기운은 담담한 마음과 자신감을 가져다 줍니다
천지기운은 당신의 빈 마음을 사랑으로 채워 줍니다
천지기운은 자신에게 죄지은 사람도 용서할 수 있는
힘을 줍니다
천지기운은 두려움이 없습니다
천지기운은 공포심이 없습니다
천지기운 속에는 피해의식과 이기심과
자만심이 없습니다
천지기운은 우리를 근면하게 하며
책임감 있고 정직한 사람으로 변화시켜 줍니다
천지기운은 영을 맑게 하며 혼을 키워
우리를 영생의 길로 인도하며
깨달음을 통하여 인간을 완성시켜 주는
천부성*天符星의 신령한 기운이며
우주의 신령한 기운입니다

*천부성 - 완성된 영혼이 돌아가는 별. 우주의 근원 또는 중심을 상징한다.

황금빛 새

우리는 한때 두더지였죠
정말로 두더지였습니다
어둠 속에서 좌절감과 피해의식 속에서 방황하며
작은 욕망과 이기심을 찾아 정신없이 헤매었습니다
두더지가 벌레를 찾아 헤매듯 말입니다
답답하고 불안했으며
우리가 생활하기에는
너무 비좁고 어두웠습니다

예, 그곳에도 작은 평화와 기쁨은 있었죠
그러나, 우리는 거기에 만족할 수가 없었습니다
모두가 함께 할 수 있는 태양이 없었고
진정한 자유가 없다는 것을
차츰 깨닫게 되었기 때문입니다
우리는 진정으로 광명과 자유가 그리웠습니다
우리는 그 막막한 어둠 속에서 광명과 대자유를 향하여
힘차게 날아오르고 싶었습니다

그래서 이제 우리는
황금빛 날개를 가진 새가 되고자 합니다
황금빛 찬란한 새가 말입니다

감사의 기도

숨을 쉴 수 있도록 허락하여 주심에 감사드립니다
일용할 양식과 의복과 잠자리를 주심에 감사드립니다
사랑을 주고 받을 수 있는 건강한 몸을 주심에
감사드립니다
내 몸이 깊은 병에 걸렸을지라도
몸에 지배당하지 않을 건강한 영혼을 주심에
정말로 감사드립니다
삶의 목적과 의미를 알게 하여 주신 하느님
저를 끝까지 인도하여 주시기 바랍니다
당신의 뜻이 이 땅에 이루어지기를
천손의 이름으로 기도합니다
천지기운, 천지마음

3부

깨달음의 빛

생명의 산과 들이여,
생명의 하늘이여,
허공을 가르는
반딧불의 반짝임이
생명을 노래하며 표현한다.

시인이 되려면

시인이 되려면
사랑을 해봐야 한다
이별을 알아야 한다
배신을 당하고
그 좌절에서 시를 쓰면
그 시는 죽은 시
그 좌절을 딛고 일어났을 때
생명의 시를 쓸 수 있다

시인이 되려면

시인이 되려면
사랑을 해봐야 한다
이별을 알아야 한다
배신을 당하고
그 좌절에서 시를 쓰면
그 시는 죽은 시
그 좌절을 딛고 일어났을 때
생명의 시를 쓸 수 있다

도道란

도란 혼자 살 때는 필요 없는 것
도란 건강한 거래 질서이며
도란 이상인간이 되기 위한 등불이며
도란 건강한 가정을 이루기 위한 징검다리
도란 건강한 사회를 이루는 뿌리이며
도란 인류 공동체의 지붕이다
도란 인간 완성의 지팡이이며
도란 영생불사의 생명수

도는 한의 아들이며
도는 한의 어머니
도와 한은 일심이며 동체이다

천화 仟化

굼벵이는 매미가 되고
누에는 성장해서 나비가 된다네

굼벵이 속에 매미가 있고
누에 속에 나비가 있는 것을
굼벵이와 누에인들 그 사실을 알았겠나

인간 안에 신성神性이 있는 것을
그 누가 알았겠나
인간은 신성神性이 진화되어 신神이 된다네
이 길을 천화의 도道라고 한다네

한인 할아버지 이후
단군 할아버지까지 내려왔던
이 천화의 법이 끊어졌다네

그로부터 형제와 형제가 원수 되고
자식이 부모를 거역하고
제자가 스승을 배신하고
나라와 나라는 서로 침략하고 죽이네
종교와 종교는 서로 싸우고
사상과 사상은 투쟁하고
죄악의 시대가 되었네

천회 伏化

순수함과 사랑은 사라지고
경쟁하고 모함하는 가운데서
인간들은 피해의식과 이기심과 자만심의
노예가 되어 버렸네

하늘도 병들고 땅도 병들고
인간은 신성을 상실하고
욕망에 눈멀고 귀먹어 버렸네

인간은 하늘도 모르고 땅도 모르고
부모와 형제와 스승과 벗을 잃어 버렸네

행복도 참평화도
천화의 도道가 끊김으로 인해서
이 세상은 암흑이 되었네

천화의 도道,
이것이 인간을 구원할 수 있는
하늘을 구원할 수 있는
땅을 구원할 수 있는
마지막 희망이네

천화의 도道,
이것이 단학이라네

천화 仸化

이기심

건강을 바라거든 이기심을 버리거라
행복을 바라거든 이기심을 떠나거라
마음의 평화 원하거든 이기심을 없애거라
참사랑을 하려거든 이기심을 떠나거라
이기심이 있는 곳에 근심 걱정 달려든다
부자가 되려거든 이기심을 버리거라
성통을 하려거든 이기심을 떠나거라
이기심이 있는 곳에 형제 친구 떠나간다
정직하게 살려거든 이기심을 버리거라
양심대로 살려거든 이기심을 버리거라
이기심이 없는 곳에 광명 천지 밝아온다

자만심

털끝 같은 자만심에
인간 관계 파괴되고
친구 잃고 형제 잃고
티끌 같은 자만심에
근심 걱정 실뱀같이 달려든다
얼굴이 잘났느냐 마음이 잘났느냐
부모가 잘났느냐 형제가 잘났느냐
조상이 잘났느냐 자손이 잘났느냐
개뿔 같은 자만심에 인격이 몸살하네
건강을 원하거든 자만심을 버리고
평화를 원하거든 자만심을 포기하세

피해의식

피해의식 있는 곳에 기쁨은 사라지고
피해의식 있는 곳에 밝음은 도망가고
피해의식 있는 곳에 시기 질투 피어나고
피해의식 있는 곳에 싸움만이 벌어진다
단군 자손 백의 민족 언제부터 이리 됐나
사촌이 땅을 사면 배가 아프고
친구가 출세하면 가슴이 막히고
이웃집이 잘 되면 머리에 뿔이 나고
피해의식 빠진 사람 밝은 사람 하나 없다
빨리빨리 벗어나세 우리 모두 벗어나세
지옥이 따로 없다 피해의식 지옥이다

분별심

분별심으로
아담과 하와는 하늘과의 약속을 배신했고
아담과 하와의 이기심이 분별을 낳았다네

아담과 하와는 배신의 대가로 카인을 낳았고
카인의 이기심은 동생을 질투심으로 살인하게 했네

이기심이 분별을 낳고
분별은 질투를 낳고
질투는 배신을 낳고
그 배신은 성장해서
살인자로 발전했네

이기심은 어디에서 나왔는가
어리석음에서 나왔다네
어리석음은 얼이 썩음을 얘기하네

그 얼을 소생시키는 길이
천화의 도道라네!

모든 사람들 천화의 법으로
성통하세
천화하세

자아완성

나는 내가 아닌 그 무엇이 되고 싶다
나는 나의 한계를 벗고 훨훨 날으는 새가 되고 싶다
나는 하늘이고 싶다
나는 산과 들과 바다이고 싶다
나는 이제 하늘의 입장에서 나를 돌아다본다
그리고 나의 아버지와 어머니의 탄생과
그 호기심과 욕망을 바라본다
사랑과 인내와 용기를 바라본다
좌절과 절망과 나약함도 바라본다
나의 틀 속에서는 도저히 바라볼 수 없었던 이 모습에
나는 놀라움을 금할 수 없다
나는 눈물을 통하여 나의 진실을 만난다
내가 느꼈던 사랑 미움 증오 공포의 실체로
나는 이 자리에서 새로운 의식 속에서
마법의 성에 갇혀 있는
나의 아버지와 어머니 그리고 형제들을 바라보며
깨달음의 눈물을 흘린다

이제 모든 것이 잘 보이네
눈물을 통하여 볼 수가 있다네
나의 눈과 귀를 가리고 있던 어두운 관념이
구겨진 휴지가 되어 쓰레기통으로 사라져 버리는 것을
이제 나는 알겠다 내가 누구라는 것을
나를 가두지마
나는 빛이고 허공이며 천지기운인 것을
나는 이제 새로운 인생의 입장권을 한손에 들고
새로운 삶을 창조하리라
나의 꿈과 이상을 위하여 한세계를 창조하리라
이상인간 한세계를!
광명이여
광명이시여
광명이어라!

본성의 빛

있는 듯 없는 듯
보이는 듯 안 보이는 듯
잠을 자는 듯 안 자는 듯
물새가 물 위를 스쳐가듯
봄이 꽃을 피게 하는지 꽃이 봄을 불러오는지

깨달음은 찰나에서 생겼다가 사라진다
그러나 그 찰나는 영원한 것을
아니 영원이라는 것은
찰나 속에서만 존재하는 것인지도 모른다
행복도 평화도 찰나와 찰나
순간과 순간에서 감지된 것인지도 모른다
사람은 안정과 평화와 행복과 자유를 추구한다
사람의 감각은 반짝이는 별빛과 같이
순간 순간을 반짝이는 의식이다

순간이 영원이고 영원이 찰나인 것을
선은 점의 연속이고 생명은 세포의 결합인 것을
기氣는 모든 생명을 연결해 주는 또 하나의 언어인 것을
태어나고 죽음은 자연스러운 기의 현상인 것을
집착은 생명의 흐름과 기의 흐름을 잃어버리게 하고
자유와 평화를 사라지게 한다
집착은 깨달음의 장애
깨달음을 통하여 본성의 빛은 빛난다

나는 너의 혼을 보았지!

나는 너의 혼을 보았지!
추운 겨울날 어둠 속에서
집에서 쫓겨난 어린아이의
외로움과 두려움을
불안함과 초조함을

너는 아는가
시기와 질투 미움과 성냄이
어디서 나오는지

당신이 혼을 잃어버리고
육체에 빠져 있는 동안
당신의 혼은
집에서 쫓겨난 어린아이와 같이 될 수밖에 없는 것을
당신의 혼을 구할 수 있는 사람은 당신인 것을
당신의 혼은 사랑이며 평화이며 충만함이며
창조인 것을
혼의 성장이 당신의 성장이며 완성인 것을
나는 사랑한다, 당신의 혼을
나는 원한다, 당신의 성장과 완성을

성지순례

모든 인류를 이 땅에 보내주신 하느님
인류의 평화를 구현하시는 하느님
하느님의 마음을
모든 성인을 보내주신 하느님의 마음을 알고 있습니다
그 하느님의 마음은 바로 사랑이십니다
큰사랑을 실현할 수 있도록 축복하여 주소서
간구합니다
당신의 큰사랑을 실현하여
모든 사람이, 모든 생명이 하나라는 사실을
진리는 하나라는 사실을
그리고 인류가 하나라는 사실을
모든 인류와 모든 종교인에게
또 종교를 가지고 있지 않은 이들에게 알려주소서
이제는 그런 큰 시대를 준비하셔서
이 한민족을 세운 것을 알고 있습니다
이제 모든 민족과 국가
모든 종교인과 모든 인류가 하나되어
큰사랑을 실현하도록 은총을 베풀어 주소서
우리를 축복하여 주소서

뇌에게 물어봐

이 세상에 온 이유를 알고 싶으면 뇌에게 물어봐
어려운 일이 있으면 또 뇌에게 물어봐
성실하고 친절한
당신의 뇌는 컴퓨터의 아버지

뇌 속에 우리의 희망과 우리의 신념이 살고 있네
깨달음도 평화도 건강도 뇌 안에 있네
뇌 속에 당신의 과거가 있고 미래가 있어
그리고 그곳에 천국도 있고 지옥도 있지
뇌 속에 모든 것이 다 들어 있네

영혼의 찬미

나는 아름답고 순수한 영혼
나의 고향은 아름답고 신령한 별이라네

그 별의 이름은 천부성
그 곳에서 나는 태어났다네

그 곳은 아름답고 선한 영혼들이 살고 있고
신비롭고 재미있는 일이 많이 있다네

그러나 그 별이 어느 곳에 있는지
그 별에서 일어나는 모든 일을 알고 있는 사람은
아무도 없다네

그 별은 뇌와 같이 생겼다네

나는 지구와 사람과 모든 생명을 사랑하기 위해서
이 지구라는 별에 왔다네

이 지구라는 별에서
내 할 일을 다 하고 나면
나는 이제 나의 고향 천부성으로 돌아갈 것이네

이 곳 지구에 와서 천부성에서 같이 놀던
많은 친구들을 만날 수 있었다네

나는 그 친구들과
이 지구를 아름답고 건강한 별로 만들고자 하네

모든 것은 뇌 안에 있다네
모든 것은 뇌 안에 있다네

천부성의 빛도 황금빛이고
나의 뇌도 황금빛이네

생명의 시

사랑하는 나의 제자들이여
나의 이 고난이 부끄러움도 아니요
결코 슬픔도 아니다
다만 나는 이곳에서 생명의 신비를 느낀다
이 생명은 어디로부터 왔는가
밝고 아름답게 타오르는 생명의 신비함이여
인간이라는 잔에 담기에는 너무도 크고 밝구나
생명의 바다여
생명의 산과 들이여
생명의 하늘이여
허공을 가르는 반딧불의 반짝임이
생명을 노래하며 표현한다
선악의 안경으로 볼 수 없는 생명의 신비함이여!
생사의 허공을 가르며 반짝이는 반딧불의 정체를
그대들은 아는가
반짝 반짝 반짝
순간에서 순간으로
번쩍 번쩍 번쩍
찰나에서 찰나로 영원으로 이어지는
생명 생명이여!
사랑하는 제자들이여
나는 그대들에게 생명의 시를 드린다

그대 머리를 비우면

그대 머리 속 연못에 살고 있는 많은 벌레들
그 벌레들의 소리와 냄새가
그대들을 혼란에 빠뜨리지는 않는지

그대 영혼의 소리가
벌레들의 소음 공해로 인하여
당신 마음에 전달되지 않는다면
나는 슬프다

하늘의 소리를 들을 귀가 없다면
눈이 없다면
나의 마음은 아프다

관념의 벌레들 욕망의 벌레들
이 세상에 있는 유혹의 벌레들이
우리의 길을 막는다면
나는 분노하리라

태양의 사랑 별의 고독 달의 외로움 지구의 괴로움
이 세상의 모든 생명 그리고 인간들을
나는 포옹하리라
내 마음 이 모든 것과 영원히 함께 하리라

그대 머릿속을 깨끗이 청소하라
오직 천지기운과 천지마음으로 하지 않으면
억겁을 통하여 내려온 관념의 때가, 욕망의 악취가
사라지지 않으리니
그대 머리를 비우면
하늘과 우주가 나와 하나 되어
영생하리라

기도문

하늘에 계신 하느님
당신을 알게 하여 주심을 감사드립니다
모든 산천에 계신 하느님
당신을 보고 듣고 느끼게 하여 주심을 감사드립니다
모든 사람들의 가슴 속에 계신 하느님
당신의 뜻이 이루어지길 간절히 기원합니다
더욱더 감사한 것은
나의 눈과 귀와 몸이 없어졌을지라도
보이지 않는 당신을 알 수 있도록
이 영혼을 주심을
당신께 진심으로 감사드립니다

한세계 지도자들의 가슴 속에 계신 하느님
당신의 뜻을 이루시길 바랍니다
한문화 가족의 가슴 속에 계신 하느님
세세토록 영광을 받으시옵소서
인간의 완성과 인류의 평화를 위하여 공헌하고 있는
모든 사람들의 가슴 속에 계신 하느님
당신은 정말로 밝고 크십니다

우리 모두를 빛 가운데 거하도록 허락하여 주심을
감사드리며
하늘 아버지의 뜻이 이 땅 위에 이루어지기를
이상인간 한세계와 벨록의 이름으로 기원합니다
천지마음 천지기운

이러한 지도자가 되게 하소서

눈에는 보이지 않으나
마음의 눈으로 볼 수 있는
영원한 빛이 되게 하소서
가까이도 말며 너무 멀게도 하지 말게 하소서
눈에 들게 마시고
마음에 남는 지도자가 되게 하소서
너무 밝지도 그리고 어둡지도 않게 하소서
너무 밝은 빛은 눈을 상하기에 두렵기 때문입니다
눈을 상하게 하는 빛보다
어두움이 중생에게 약이 되기 때문입니다

지도자는 될 망정 지배자는 되지 않게 하소서
당신의 자손은
더 이상 종교든 정치든
지배자의 발바닥으로 희롱되어서는
안 되기 때문입니다
참스승은
제자를 제자로 두는 데 있는 것이 아니고
제자를 정상인으로 변화시켜
스승의 스승이 되도록 하는 데 가치가 있기 때문입니다

길을 잃고 방황하는 사람에게
길을 알려주는 손가락이 되게 하시고
어두움을 밝히는 빛이 되게 하소서
길을 찾은 사람에게는
나타나지 않게 하소서
빛을 가리는 손바닥이 될까 두려움에서 하는
말씀입니다
어둠에서 방황하는 사람에게는
작은 빛이 되게 하소서
눈먼 사람에게 영원한 지팡이로 존재하게 하지 마시고
눈을 뜨게 하는 의사가 되게 하소서
건강한 사람에게 의사는 필요없듯이
병에는 집중하지만 사람에게는 집착하지 않게 하소서

어둠을 밝히는 빛이 되게 하시고
태양을 가리는 그림자는 되지 말게 하소서
신의 완성과 기쁨은
인성人性을 신성神性으로 변화시키는 곳에
있기 때문입니다

평화의 기도

나는 이 평화의 기도를
기독교의 신에게 드리는 것도 아니요
불교의 신에게 드리는 것도 아니요
회교의 신에게 드리는 것도 아니요
유태교의 신에게 드리는 것도 아닙니다
모든 인류의 신에게 드립니다

우리가 기원하는 평화는
기독교인만의 평화나
불교인만의 평화나
이슬람교인만의 평화나
유태교인만의 평화가 아니라
우리 모두를 위한
인류의 평화이기 때문입니다

나는 이 평화의 기도를
우리들 모두 안에 살아계신 하느님,
우리를 기쁨과 행복으로 충만하게 하시고
우리를 온전케하시며
우리로 하여금
삶이 모든 인류를 위한

사랑의 표현임을 이해하게 하시는
하느님께 드립니다

어떤 종교도 다른 종교보다
더 우월하지 않으며
어떤 진리도 다른 진리보다
더 진실되지 않으며
어떤 국가도 이 지구보다 크지는
않기 때문입니다

우리로 하여금
우리의 작은 한계를
벗어나도록, 그리하여
우리의 뿌리가 지구임을
우리가 인도인도, 한국인도, 미국인도 아닌
지구인임을 깨닫도록 도와주소서
신은 지구를 만드셨지만
지구를 번영토록 하는 것은 우리의 일입니다
이를 위해 우리는
어떤 나라의 국민이거나, 어떤 인종이거나, 종교인이기 이전에

지구인임을 깨달아야 하며
인류의 영적인 유산 속에서
진정으로 하나임을 알아야 합니다

이제 종교의 이름으로 가해진
모든 상처들에 대해 인류 앞에 사죄함으로써
그 상처를 치유합시다
이제 모든 이기주의와 경쟁에서 벗어날 것을
그래서 신 안에서 하나로 만날 것을
서로에게 약속합시다

나는 이 평화의 기도를
전능하신 신께 드립니다
우리가 우리 안에서 당신을 발견하게 하시고
그리하여 언젠가 당신 앞에
하나의 인류로서 자랑스럽게 설 수 있게 하소서

나는 이 평화의 기도를
모든 지구인들과 함께
지구의 영원한 평화를 위해 드립니다
홍익인간 이화세계

2000년 8월 유엔에서 열린 '밀레니엄 종교 및 영성 세계평화 정상회의'에서 아시아의 영성 지도자를 대표해 올린 기도문.
평화가 아니라 분쟁의 온상이 된 종교계의 각성을 바라는 간절한 마음이 담겨 있다.

손으로 쓰고 마음에 새기는 명상 필사

피는 꽃마다 아름답구나

초판 1쇄 인쇄 2017년(단기 4350년) 5월 10일
초판 1쇄 발행 2017년(단기 4350년) 5월 16일

지은이 · 이승헌
펴낸이 · 심정숙
펴낸곳 · (주)한문화멀티미디어
등록 · 1990. 11. 28. 제 21-209호
주소 · 서울시 강남구 봉은사로 317 논현빌딩 6층 (06103)
전화 · 영업부 2016-3500 편집부 2016-3526
http://www.hanmunhwa.com

편집 · 이다향 강정화 최연실 진정근
디자인 제작 · 이정희 목수정
마케팅 · 강윤정 권은주 | 홍보 · 박진양 조애리
영업 · 윤정호 조동희 | 물류 · 박경수

만든 사람들
기획 총괄 · 고훈경 | 책임 편집 · 이다향 | 디자인 · 이정희

ISBN 978-89-5699-315-7 03810